Universidad
Externado
de Colombia

Centro de Investigación
en Filosofía y Derecho

Universidad Externado de Colombia

Rector
Juan Carlos Henao

Secretaria General
Martha Hinestrosa

CUADERNOS DE CONFERENCIAS Y ARTÍCULOS
N.º 49

Con la colaboracion de
Luis Felipe Vergara Peña

Traductor
Rafael Moreno González

Horst Dreier

Derecho natural y positivismo jurídico. Juicios generales, prejuicios, juicios erróneos

Universidad Externado de Colombia
Centro de Investigación en Filosofía y Derecho

Dreier, Horst

Derecho natural y positivismo jurídico : juicios generales, prejuicios, juicios erróneos / Horst Dreier ; traductor Rafael Moreno González. -- Bogotá : Universidad Externado de Colombia, 2015.
49 páginas ; 21 cm. -- (Cuadernos de conferencias y artículos ; 49)

Serie orientada por Eduardo Montealegre Lynett; con la colaboracion de Luis Felipe Vergara Peña.
Incluye bibliografía.
Título original: *Naturrecht und Rechtspositivismus. Pauschalurteile, Vorurteile, Fehlurteile.*

ISBN: 9789587723434

1. Derecho natural 2. Filosofía del derecho 3. Argumentación jurídica 4. Derecho y ética 5. Teoría del derecho I. Moreno González, Rafael, traductor II. Universidad Externado de Colombia. III. Título IV. Serie

342.11 SCDD 15

Catalogación en la fuente -- Universidad Externado de Colombia. Biblioteca
Julio de 2015

Agradezco a mi otrora asistente, hoy colega, Prof. Dr. Fabian Wittreck (Universidad de Münster) por numerosas y valiosas observaciones.

Título original: Naturrecht und Rechtspositivismus. Pauschalurteile, Vorurteile, Fehlurteile publicado en: *„Vom Rechte, das mit uns geboren ist" Aktuelle Probleme des Naturrechts.* Wilfried Härle und Bernhard Vogel (et. al). Herder, Frankfurt, 2007.

ISBN 978-958-772-343-4

Calle 12 n.º 1-17 Este, Bogotá
Teléfono (57-1) 342 0288
publicaciones@uexternado.edu.co
www.uexternado.edu.co

Primera edición: julio de 2015

Diseño de cubierta: Departamento de Publicaciones
Composición: Marco Robayo
Impresión y encuadernación: Digiprint Editores S.A.S.
Tiraje de 1 a 1.000 ejemplares

Impreso en Colombia
Printed in Colombia

Contenido

1. Diversidad de posiciones y el peligro de las generalizaciones

En cuanto a la contraposición de derecho natural y positivismo jurídico, se trata de una contraposición verdaderamente "clásica". Ningún manual de filosofía del derecho excluye este tema, no hay una sola discusión de filosofía del derecho en la que –sea como reproche, sea como sustento argumentativo– enunciados iuspositivistas o iusnaturalistas pudiesen carecer de importancia.

Después de todo, se trata de un conflicto irresoluble entre dos maneras muy distintas de concebir y comprender el derecho. Uno puede, como lo hace Heinrich Rommen, hablar de un "eterno retorno del derecho natural"[1]; con igual razón se puede hablar, empero, del eterno retorno del positivismo jurídico. En lo que sigue no deseo resolver este conflicto en modo alguno; solamente se debe desarrollar en la medida de lo posible una comprensión precisa de qué posiciones son adecuadamente etiquetadas como iusnaturalistas o como iuspositivistas y cuáles no. Y aquí se hace manifiesta una gran cantidad de malentendidos y juicios equivocados, a saber tanto en relación con el positivismo jurídico como con el derecho natural[2].

---

[1] H. Rommen, *Die ewige Wiederkehr des Naturrechts*, 1936. Sin embargo, la expresión se remonta a E. Landsberg, quien tituló con esta expresión su reseña del libro de G. del Vecchio *Die Grundprinzipien des Rechts*, la cual apareció en *arsp* 18, 1924-1925, pp. 347 y ss.

[2] Esto es tematizado, por ejemplo, por A. Verdross, *Abenländische Rechtsphilosophie*, 2.ª ed., 1963, pp. 282 y ss.; E.-W. Böckenförde, *Die Begründung des Rechts auf Werte oder das von Natur Rechte*, en R. Brinkmann (ed.), *Natur in den Geisteswissenschaften I*, 1988, pp. 181 y ss. y pp. 199 y ss.; J. Renzikowski, *Naturrechtslehre versus Rechtspositivismus*, en *arsp*

El peligro de distorsiones generalizantes en el caso del iusnaturalismo es bastante grande, debido a la variedad de sus formas. No se exagera, en efecto, cuando se afirma que, en realidad, la historia del pensamiento jurídico fue –casi en su totalidad– una historia de doctrinas iusnaturalistas. Esto está relacionado, sobre todo, con la versatilidad, la necesidad de modificación y la imprecisión del concepto de iusnaturalismo[3]. Así, en el caso del atributo "naturaleza", éste puede ser situado en el mundo exterior, el que es visto en la filosofía estoica como un mundo racionalmente estructurado y ordenado (el así llamado iusnaturalismo "cosmológico"); sin embargo, también puede ser considerada como la naturaleza del hombre, y aquí de igual manera remitirla a su constitución biológica (el caso de los sofistas), a su naturaleza menesterosa (HOBBES), o a su naturaleza racional, y aquí la razón puede ser entendida, a su vez, como la comprensión de los fines esenciales de la vida objetivamente determinados (TOMÁS DE AQUINO), o como el establecimiento autónomo por la comprensión humana (KANT). Similares distinciones se pueden efectuar respecto de lo que se deba entender por "derecho": puede ser la participación en la razón del mundo (CICERÓN), la revelación divina (AGUSTÍN), como también las reglas de la prudencia derivadas de nuestro afán de autoconservación

---

81, 1995, pp. 335 y ss., así como recientemente por J. LEGE, *Recht als Kulturgut*, en ARSP 93, 2007, pp. 21 y ss. y pp. 28 y ss.

3 Una idea aproximada de la diversidad de posiciones brinda el artículo *"Naturrecht"*, en *Historisches Wörterbuch der Philosophie*, t.VI, 1984, col. 560 y ss.; además E. WOLF, *Das Problem der Naturrechtslehre*, 3.ª ed., 1964; K.-H. ILTING, artículo *"Naturrecht"*, en O. BRUNNER, W. CONZE y R. KOSELLECK (ed.), *Geschichtliche Grundbegriffe*, t. IV, 1978, pp. 245 y ss.; A.F. UTZ, *Die Grundpositionen der Naturrechtstheorien*, en ARSP 83, 1997, pp. 307 y ss.; W. KLUXEN, artículo *"Naturrecht" (I. Philosophisch)*, en W. KASPER y otros (ed.), *Lexikon für Theologie und Kirche*, 3.ª ed., t. VII, 1998, col. 684 y ss.; K. DEMMER, artículo *"Naturrecht" (II. Theologisch-ethisch)*, ibíd., col. 688 y ss.,cuestionable, sin embargo C. BREUER, *Recht und Moral*, en FS [Festschrift für Joseph] Listl, 1999, pp. 935 y ss. (935 nota al pie 1), según lo cual habría diversas doctrinas iusnaturalistas; no obstante, derecho natural como tal puede haber solo uno.

(Hobbes) o principios puros de la razón (Kant). Ya en el derecho romano del *Corpus iuris civilis*, más exactamente en la parte titulada "instituciones"[4], se encuentra una distinción significativa entre el *"ius naturale"* ("aquello que la naturaleza ha enseñado a todo ser vivo", Inst. 1, 2, pr) y el *"ius gentium"* ("lo que la razón natural ha determinado para todo ser humano, lo que es respetado de igual manera por todo pueblo", Inst. 1, 2, 1; sin embargo, compárese 2, 1, 41)[5].

Si se considera aun, además de lo ya mencionado, la extensión de posiciones iusnaturalistas desde la Antigüedad griega, pasando por el Medioevo cristiano, hasta la Modernidad con su cambio estructural de un iusnaturalismo, más bien de carácter ontológico, a uno de carácter racionalista, se hace completamente evidente que las caracterizaciones generales no pueden hacer justicia a la pluralidad de las posiciones. Sin embargo, existe la necesidad de caracterizaciones generales de ese tipo, y así este tipo de atribuciones son hasta hoy pan de cada día. Se pueden mencionar nombres absolutamente famosos: Max Weber ha resaltado en sus trabajos correspondientes sobre todo el carácter revolucionario del iusnaturalismo, mientras Hans Kelsen, en sus incesantes y reiterados ataques a cualquier tipo de iusnatu-

---

4 En lo que sigue, citado de acuerdo a: *Corpus iuris civilis, I: Institutionen, Text und Übersetzung*, ed. O. Behrends et ál., 1990.

5 Véase también *Decretum Gratiani*, dict. Grat. ante cap. 1, Dist. I (A.E. Richter y E. Friedberg (ed.), *Corpus iuris canonici*, t. 1, 1879, reimpresión de 1959, col. 1: *"Humanum genus duobus regitur, naturali videlicit iure et moribus. Ius naturae est, quod in lege et evangelio continetur, quo quisque iubetur, alii facere, quod sibi vult fieri, et prohibetur alii inferre, quod sibi nolit fieri"* ("el género humano es regido de dos modos diferentes, a saber, a través de la ley natural y de las costumbres. El derecho de la naturaleza está contenido en la ley [el Antiguo Testamento] y el Evangelio, donde se ordena, no hacer a nadie lo que uno mismo no desea padecer"). En detalle, en torno a la compresión romana del *ius naturae* y su recepción en el Medioevo E.E. Hölscher, *Vom römischen zum christlichen Naturrecht*, 1931, pp. 11 y ss. y pp. 39 y ss.; F. Flückiger, *Geschichte des Naturrechtes*, t. i, 1954, pp. 257 y ss. y pp. 388 y ss; así como Ilting, *"Naturrecht"* (nota al pie 3), pp. 258 y ss. (con información adicional).

ralismo, ha representado a este casi siempre como afirmativo y conservador[6].

En lo que sigue, no se trata de mostrar la abundancia de posiciones particulares y, en cierta manera, reclamar para cada una de ellas un estatus determinado, sino, al contrario, mostrar con algunos ejemplos que las concepciones generales usuales sobre "el" iusnaturalismo o "el" iuspositivismo no son adecuadas en absoluto o en la generalidad en que son usualmente formuladas. En primer plano, al respecto, se encuentra la pregunta por la legitimidad de la sentencia "el derecho natural tiene preeminencia sobre el derecho positivo" (sobre ello 2.). Luego se examina si al iuspositivismo realmente le es propia la idea de una pretensión de obediencia frente a la ley positiva (3.). Al esclarecimiento de la relación entre derecho y moral tanto en doctrinas iusnaturalistas como en teorías iuspositivistas (4.) le siguen, finalmente, observaciones sobre ideas equivocadas en torno a la aplicación del derecho en el iusnaturalismo y el iuspositivismo (5.).

2. Pretensión de validez y jerarquía de normas: ¿tiene el derecho natural preeminencia sobre el derecho positivo?

Cuando, en lo que sigue, se ponga en tela de juicio la sentencia "el derecho natural tiene preeminencia sobre el derecho positivo", es posible que ello, al inicio, sorprenda, pues si hay una característica que sea aplicable a prácticamente toda doctrina iusnaturalista, es, sin duda, aquella por la que el derecho natural se basa en normas prepositivas y supraempíricas. Estas no son producto del acuerdo humano, sino que constituyen su criterio inquebran-

---

[6] Compárese H. DREIER, *Rechtslehre, staatssoziologie und demokratietheorie bei Hans Kelsen*, 2.ª ed., 1990, p. 171, con información adicional.

table[7]. Max Weber, con el fin de caracterizar esta preeminencia normativa, ha hablado gráficamente del "derecho del derecho"[8].

2.1. Antigüedad y Medioevo

a) Así entonces, por razones bastante bien comprensibles, está muy extendida la idea de que el derecho natural tiene preeminencia sobre las normas del derecho positivo que le son contrapuestas[9]. Esta idea no es solo supuesta intuitivamente, sino que, en cierto modo, está presente en la cuna del pensamiento jurídico-filosófico. Precisamente con la mayor jerarquía de las normas divinas frente a los variables ordenamientos y disposiciones jurídicas de los gobernantes mundanos justifica la Antígona de Sófocles su acto de desobediencia frente a Creonte. Los famo-

---

[7] Sobre las formulaciones clásicas de F.J. Stahl, G. Radbruch y otros, véase H. Dreier, *Re chtsethik und staatliche legitimität*, en *Universitas* 48, 1993, pp. 377 y ss. (p. 377 y s., con nota al pie 5); H. Hofmann, *Einführung in die rechts- und staatsphilosophie*, 3.ª ed., 2006, pp. 3 y ss, habla de un concepto dual del derecho; compárese también infra notas al pie 12 y ss.

[8] M. Weber, *Wirtschaft und gesellschaft*, 5.ª ed., 1976, p. 497. Véase también, M.J. Odenheimer, *Der christlich-kirchliche Anteil an der Verdrängung der mittelalterlichen Rechtsstruktur und an der Entstehung der Vorherrschaft des staatlich gesetzten Rechts mi deutschen und französischen Rechtsgebiet*, 1957, pp. 156 y ss., según el cual todo derecho natural supone "al menos potencialmente, la posible incorrección del orden imperante y de *del derecho* vigente".

[9] Formulación elocuente de W. Hassemer, *Naturrecht im Verfassungsrecht*, en FS Trechsel [*Strafrecht, Strafprozessrecht und Menschenrechte: Festschrift für Stefan Trechsel zum 65. Geburtstag*], 2002, pp. 135 y ss. (142): "en lo concerniente a la estructura de la fundamentación del derecho, se describe por tanto –a pesar de todas las profundas diferencias que se descubren en una inspección concreta– con "derecho natural" un derecho que está depositado en un plano de validez más fuerte que el derecho positivo, que proviene de un legislador humano, que ella adopta. Este derecho triunfa en el conflicto normativo con todas las otras fuentes del derecho, proclama siempre la orden más fuerte. Se remite a fundamentos de validez que están allende la disposición del legislador humano, con vista a los cuales él no tiene que decidir, sino tan solo acatar: las leyes de la naturaleza exterior e interior, la voluntad de dios, la razón eterna del hombre. Si se logra creer en la existencia de estas razones de validez, si se logra desprender de estos órdenes, y si se consigue transportar estas órdenes en un código sin que haya contaminaciones semánticas, entonces contra un código tal no hay nada que hacer: tiene prioridad sobre cualquier legislación debida a los seres humanos".

sos versos rezan: "No pensaba que tus proclamas tuvieran tanto poder como para que un mortal pudiera transgredir las leyes no escritas e inquebrantables de los dioses. Éstas no son de hoy ni de ayer, sino de siempre, y nadie sabe de dónde surgieron"[10].

b) Y también en las doctrinas iusnaturalistas un tanto más sistemáticamente elaboradas del estoicismo y del medioevo cristiano (la Escolástica), con su clara jerarquía de *leges (lex aeterna, lex naturalis* y *lex humana/positiva)*, nada parece ser más evidente que la mayor jerarquía del derecho natural frente al derecho mundano. La concordancia del derecho positivo con el derecho natural y divino vale como supuesto de validez y vigencia. En caso de contradicción se impone (naturalmente) el estrato normativo superior. El jurista reconoce allí, de inmediato, el conocido principio del derecho romano: *"lex superior derogat legi inferiori"*[11]. La ley superior supera a la inferior: "el derecho natural supera al derecho positivo"[12].

---

[10] [La traducción española es de ASSELA ALAMILLO, publicada en SÓFOCLES, *Tragedias*, introducción de JOSÉ LASSO DE LA VEGA, traducción y notas de ASSELA ALAMILLO, Madrid, Edit. Gredos, 1981, versos 453-457. En el original alemán cita DREIER la traducción de W. KUCHENMÜLLER que aparece en la edición de RECLAM, 2000, p. 22, además de citar la edición bilingüe de N. ZINK,1998, p. 41., n. del trad.]. Un análisis minucioso de este drama se encuentra en E. SCHMIDHÄUSER, *Verbrechen und Strafe. Ein Streifzug durch die Weltliteratur von Sophokles bis Dürrenmatt*, 1995, pp. 85 y ss.

[11] Compárese D. LIEBS, *Lateinische Rechtsregeln und Rechtssprichwörter*, 3.ª ed., 1983, L 55, p. 111; H. DREIER, *Einheit und Vielfalt der Verfassungsordnungen im Bundesstaat*, en K. SCHMIDT (ed.), *Vielfalt des Rechts – Einheit der Rechtsordnung?*, 1994, pp. 113 y ss. (115).

[12] Así de explícito H. MITTEIS, *Über das Naturrecht*, 1948, p. 38; de modo similar A. SÜSTERHENN, *Das Naturrecht*, 1947, en W. MAIHOFER (ed.), *Naturrecht oder Rechtspositivismus*, 1962, pp. 11 y ss. (21); H. WEINKAUFF, *Das Naturrecht in evangelischer Sicht*, 1951/1952, ibíd., pp. 210 y ss. (p. 211 y s.); H. RYFFEL, *Das Problem des Naturrechts heute*, 1956, ibíd., pp. 494 y ss. (495); también G. RADBRUCH, *Rechtsphilosophie*, 3.ª ed., 1932, § 3 (fácilmente accesible en R. DREIER y S.L. PAULSON (ed.), GUSTAV RADBRUCH, *Rechtsphilosophie. Studienausgabe*, 1999, p. 21).

Al respecto, se pueden nombrar muchos ejemplos famosos, así CICERÓN[13], AGUSTÍN[14] o TOMÁS DE AQUINO[15].

c) Pero en el caso de TOMÁS se muestran ya igualmente fuertes limitaciones a la preeminencia demasiado abrupta y categórica del plano normativo de mayor jerarquía[16]. Por un lado, la amplitud e indeterminación de la norma fundamental de la lex naturalis ("el bien ha de hacerse y buscarse; el mal ha de evitarse")[17] tiene como consecuencia su escaso poder de determinación. Ella no puede, de modo particularmente preciso y minucioso, dirigir la configuración y fijación de los niveles normativos inferiores, ni tampoco formular las normas correspondientes. De ahí que en-

---

[13] CICERÓN, *De leg. II*, 5, 11 y ss.; *De re publica III*, 22 y 23 ("La verdadera ley es una recta razón, congruente con la naturaleza, general para todos, constante, perdurable, que impulsa con sus preceptos a cumplir el deber, y aparta del mal con sus prohibiciones [...]. Tal ley, no es lícito ni suprimirla, ni derogarla parcialmente, ni abrogarla por entero, ni podemos quedar exentos de ella por voluntad del senado o del pueblo...") [Traducción española de ALVARO D'ORS, publicada en M. TULIO CICERÓN, *Sobre la República*, introducción, traducción, apéndice y notas de ALVARO D'ORS, Madrid, Edit. Gredos, 1991 (1984), n. del trad.]. Compárese al respecto, con detalle, FLÜCKIGER, *Geschichte* (nota al pie 5), pp. 222 y ss.; H. OTTMANN, *Geschichte des politischen Denkens*, t. 2/1, 2002, p. 116.

[14] AGUSTÍN, *De libero arbitrio I, 5*: "no es ley la que no es justa" *("lex esse non videtur, quae justa non fuerit")* [Traducción al español de EVARISTO SEIJAS, O.S.A. en SAN AGUSTÍN, *Obras filosóficas*, Madrid, Biblioteca de Autores Cristianos, 1947, n. del trad.]; AGUSTÍN, *De libero arbitrio* I, 6, 15 (además Ep. 105, 7): *"Simul te videre arbitror in illa temporali (sc. Lege) nihil esse justum atque legitimum, quod non ex hac aeterna ('quae summa ratio nominatur, cui semper obtemperandum es, et per quam mali miseram, boni beatam vitam merentur') sibi homines derivarint"*.

[15] En torno a la famosa formulación de la ley que contraviene al derecho natural como *legis corruptio*, TOMÁS DE AQUINO, *Summa Theologiae* I-II, qu. 95, art. 2 [aquí citada según la *Deutsche Thomas-Ausgabe*, t. 13, 1977], véase lo que viene seguidamente. [Para la traducción al español se ha utilizado la versión de JESÚS MARÍA RODRÍGUEZ ARIAS aparecida en SANTO TOMÁS DE AQUINO, *Suma de Teología* II, Parte I-II, Madrid, Biblioteca de Autores Cristianos, 1989, n. del trad.]

[16] Observado, por ejemplo, por H. KELSEN, *Reine Rechtslehre. Mit einem Anhang: Das Problem der Gerechtigkeit*, 2.ª ed., 1960, p. 440; detalladamente L. OEING-HANHOFF, *Mensch und Recht nach Thomas von Aquin*, en *Philosophisches Jahrbuch* 82, 1975, pp. 10 y ss. (18); F. WITTRECK, *Geld als Instrument der Gerechtigkeit*, 2001, pp. 70 y ss.

[17] TOMÁS DE AQUINO, *S. Th.* I-II (nota al pie 15), 94.2 *corpus*.

tren en consideración numerosas y variadas posibilidades y modalidades de configuración para el establecimiento de una positiva. Ahora bien, uno debe representarse (contra un argumento expuesto particularmente y a menudo por KELSEN, aunque nada convincente en este respecto[18]) la legislación en sistemas iusnaturalistas, o bien según concepciones iusnaturalistas, precisamente no como la mera "copia" del pretendido completo ordenamiento normativo del derecho natural[19].

d) Sin embargo, debe concederse que la apertura de principio para individualizaciones y la concesión de márgenes para la configuración no destruyen por completo la idea de la preeminencia jerárquica (derogativa) del estrato normativo superior en casos de conflicto o colisión, sino que solamente la restringe a menos casos de aplicación. Pero la relativización va un poco más allá, como uno puede nuevamente ver bien en el caso de TOMÁS. En efecto, él denomina claramente *legis corruptio* a la norma que va contra el derecho natural, esto es, no como correspondencia y concreción del derecho superior establecido, sino como su destrucción, como su depravación[20]. No obstante, él añade en la siguiente *quaestio*, que bajo determinadas circunstancias se puede estar absolutamente obligado a cumplir normas de ese tipo, con el fin de evitar escándalo o grave desorden *(propter vitandum*

---

[18] H. KELSEN, *Reine Rechtslehre. Einleitung in die rechtswissenschaftliche Problematik*, 1934, p. 15: en vista de la existencia de un orden iusnatural justo absolutamente correcto, se mostraría la actividad del legislador estatal como "la torpe tentativa de una iluminación artificial cuando la luz solar brilla en su esplendor". De modo similar, G. RADBRUCH, *Der Relativismus in der Rechtsphilosophie*, 1934, en ibíd., *Der Mensch mi Recht*, 1957, pp. 80 y ss. (82): fuese el caso de que existe el derecho natural, debería entonces el derecho positivo "esfumarse como el yerro desenmascarado frente a la verdad develada".

[19] En este sentido atinado O. HÖFFE, artículo *"Naturrecht"* I-II, en *Staatslexikon der Görres-Gesellschaft*, 7.ª ed., t. 3, 1987, col. 1296 y ss. (1297).

[20] Compárese TOMÁS DE AQUINO, *S. Th.* I-II (nota al pie 15), 95.2 *corpus*.

scandalum vel turbationem[21]). Ya un poco antes, él había advertido que incluso la ley injusta se deriva de la *lex aeterna*, en tanto esta es expresión de la *potestas ordinis* del legislador[22]. La misma "autoridad competente" puede también finalmente admitir en su ordenamiento excepciones a los mandatos de la ley natural, siempre y cuando mantenga las normas superiores fuera de cuestionamientos[23]. El número de ejemplos de ese tipo de limitaciones y reservas "positivistas" podría multiplicarse. Precisamente, el tratado que está ligado más fuertemente a la praxis, aquél sobre la virtud de la justicia en la *Secunda secundae*, se expresa con un lenguaje claro, como se puede demostrar, por ejemplo, de la mano de la prohibición de la usura examinada intensivamente: allí sigue a la comprobación de que la "usura" no solo no es en modo alguno compatible con el derecho natural, sino tampoco con la *lex divina*, la observación lapidaria de que la ley humana podría autorizar o prescribir la usura con el fin de no impedir "el provecho de la mayoría"[24].

e) El aquinati sitúa, por tanto, la preeminencia de la *lex naturalis* bajo la reserva del orden, o quizás mejor: del ordenamiento social; es válido, en cualquier caso, evitar la intranquilidad y el desconcierto, así como tomar en consideración las consecuencias sociales del establecimiento de normas. La concreción del derecho natural en este sentido es, en última instancia, asunto que

---

[21] Tomás de Aquino, *S.Th.* i-ii (nota al pie 15), 96.4 *corpus*. Compárese así mismo Tomás de Aquino, *Summa Theologiae* ii-ii, qu. 104, art. 6 ad. 3 (aquí citado según la *Deutsche Thomas-Ausgabe*, t. 18, 1953): *"propter vitandum scandalum vel periculum"* ("debe el cristiano obedecer incluso a aquellos gobernantes mundanos, quienes han usurpado el poder o promulgan leyes injustas"). Información al respecto, nuevamente en Kelsen, *Rechtslehre* (nota al pie 16), p. 440; en detalle J. Finnis, Aquinas, Oxford, 1998, pp. 287 y ss.

[22] Tomás de Aquino, *S. Th.* i-ii (nota al pie 15), 93.3 ad. 2.

[23] Tomás de Aquino, *S. Th.* i-ii (nota al pie 15), 97.4 ad. 3.

[24] Tomás de Aquino, *S. Th.* i-ii (nota al pie 21), 78.1 ad. 3. Sobre la doctrina de la usura del aquinati, así como sobre su relación con la ley humana, con información adicional Wittreck, *Instrument* (nota al pie 16), pp. 442 y ss. (especialmente pp. 456 y ss. y pp. 481 y ss.).

concierne a la autoridad legítima. El límite es alcanzado recién allí, donde leyes a la vez flagrantemente contravienen la ley divina, como TOMÁS expone con el ejemplo del tirano que desea obligar a su pueblo a la idolatría[25]: esta ley sería injusta *"per contrarietatem ad bonum divinum: sicut leges tyrannorum inducentes ad idololatriam, vel ad quodcumque aliud quod sit contra legen divinam"*. Aquí (y solo aquí) vale: "Y tales leyes nunca es lícito cumplirlas, porque, como se dice en Act. 5, 29: 'Hay que obedecer a Dios antes que a los hombres" (*"Et tales leges nullo modo licet observare; quia sicut dicitur* Act. 5, 29: *obedire oportet Deo magis quam hominibus")*[26].

2.2. *Modernidad*

a) Ya en el apogeo de la escolástica medieval, en el caso de TOMÁS DE AQUINO, esta la preeminencia jerárquica de las leyes del derecho natural y divino sometida a graves limitaciones frente a el derecho positivo mundano. El derecho natural deja lugar a la ley humana y se ajusta a ella. El principio "el derecho natural tiene preeminencia sobre el derecho positivo" se relativiza entonces hasta su total abandono en el derecho natural de la

---

[25] TOMÁS DE AQUINO, *S. Th.* I-II (nota al pie 15), 96.4 *corpus*; aquí la siguiente cita que se encuentra en el texto.

[26] TOMÁS DE AQUINO, *S. Th.* I-II (nota al pie 15), 96.4 *corpus*. Querer implicar, a partir de este comentario, la preeminencia general de la *lex divina* sería ciertamente desacertado. En otro lugar habla TOMÁS del *"ius divinum, per quod non tollitur ius humanum"* (*S. Th.* II-II [nota al pie 22]), 12.2 *corpus*: los cristianos deben también obedecer a un gobernante que ha renegado de la fe); compárese de igual modo supra nota al pie 24, en torno a la prohibición de la usura, donde la infracción de la ley humana contra la ley divina permanece igualmente sin repercusiones. Al respecto, en detalle U.A. WOLF, *Ius divinum*, 1970, pp. 71 y ss.; J.E. RUBY, *The Ambivalence of St. Thomas Aquinas' View of the Relationship of Divine Law to Human Law*, en *Harvard Theological Review* XLVIII, 1955, pp. 101 y ss.; WITTRECK, *Instrument* (nota al pie 16), pp. 74 y ss.

Modernidad (en el derecho natural racional o secularizado[27]). Con esto no nos referimos, aún a THOMAS HOBBES, cuya teoría del estado ofrece la paradoja aparente de la "legitimación iusnaturalista de la autoridad incondicionada del derecho positivo humano"[28] y exactamente por ello niega todo derecho natural tradicional. Antes que nada nos referimos con ello, y en primer lugar, a la antigua doctrina del derecho natural alemán, que se encuentra muy alejada de la radicalidad constructiva de HOBBES y en modo alguno opera con el arsenal sistemático de ordenamiento preestablecido del derecho natural. Sin embargo, ella declara caduca la idea de normas mundanas positivas que pueden ser superadas por el derecho natural de mayor jerarquía. En cambio, para PUFENDORF, THOMASIUS y WOLFF, se hace el derecho natural en gran medida "disponible para el legislador positivo conforme al fin del estado"[29]. Los medios constructivos y argumentativos que estos aplicaron han sido señalados por JAN SCHRÖDER y DIETHELM KLIPPEL en estudios incisivos y fundamentales[30].

b) Especialmente JAN SCHRÖDER ha puesto de relieve que los representantes del antiguo iusnaturalismo (PUFENDORF, THO-

---

[27] Una exposición clara de las distintas teoría iusnaturalistas se encuentra en R. DREIER, artículo *"Naturrecht"*, 1987, en *Ergänzbares Lexikon des Rechts*, n.° 2/370.

[28] G. OTTE, artículo *"Rechtspositivismus"*, en *Staatslexicon* (nota al pie 19), t. 4, 1988, col. 723 y ss. (723); una formulación similar se encuentra en A. VERDROSS, artículo *"Rechts- und Staatsphilosophie"* II-VI, en *Staatslexikon der Görres-Gesellschaft*, 6.ª ed., t. 6, 1961, col. 707 y ss. (718): la doctrina iusnaturalista individualista desemboca en el positivismo jurídico, pues en el estado la ley estatal sería la única medida para la justicia y la injusticia.

[29] J. SCHRÖDER, *"Naturrecht bricht positives Recht" in der Rechtstheorie des 18. Jahrhunderts?*, en FS MIKAT [*Staat, Kirche, Wissenschaft in einer pluralistischen Gesellschaft.: Festschrift zum 65. Geburtstag von Paul Mikat*], 1989, pp. 419 y ss. (425).

[30] D. KLIPPEL, *Politische Freiheit und Freiheitsrechte mi deutschen Naturrecht des 18. Jahrhunderts*, 1976, pp. 31 y ss. y 72 y ss. entre otros; SCHRÖDER, *Naturrecht* (nota al pie 29), pp. 421 y ss. y pp. 426 y ss., véase también ODENHEIMER, *Anteil* (nota al pie 8), pp. 152 y ss.; ILTING, *"Naturrecht"* (nota al pie 3), pp. 286 y ss.; sumariamente J. ROLIN, *Der Ursprung des Staates*, 2005, pp. 59 y ss.

MASIUS, WOLFF, entre otros) admiten desviaciones del derecho positivo respecto del derecho natural con distintos medios argumentativos y, en este sentido, ellos no siguen la máxima "el derecho natural supera al derecho positivo"[31]. Un primer paso: el legislador puede, por las razones que sean, permitir lo prohibido normalmente, es decir, en cierto modo desistir de la sanción penal obligatoria. Este principio será luego (segundo paso) ampliado de modo tal, que el legislador podría ordenar, permitir o prohibir algo que es, de acuerdo al derecho natural, indiferente, prohibido o permitido. Como supuesto vale, claro está, que el bien común sea (mejor) servido. Pero a este respecto no hay una verdadera limitación, pues la definición del bien común a su vez recae totalmente en el poder de decisión del soberano[32].

Con el novel derecho natural[33] de finales del siglo XVIII se produce un cambio tal, como si en el lugar del fin del estado

---

[31] Sobre lo siguiente SCHRÖDER, *"Naturrecht"* (nota al pie 29), pp. 421 y ss.

[32] Sea esto ilustrado tomando como ejemplo a C. WOLFF, *Deutsche Politik*, 4.ª ed., 1736, revisada, prologada y editada por HASSO HOFMANN, 2004, § 434 (p. 360 y ss.): en efecto, no tendría permitido la autoridad, en principio, promulgar ley alguna contraria al derecho natural, salvo en provecho de la "comunidad íntegra". En principio, los ciudadanos tampoco deben seguir mandatos que vayan contra la ley natural, a menos que acarreasen para sí por su desobediencia un mal mayor al que les traería la observancia (por ejemplo, un ciudadano debe liberarse de la obligatoriedad de adoptar otra religión preferentemente a través de la emigración, ["donde, a lo mejor, nosotros lo encontremos mejor que lo que tenemos en el lugar que debamos abandonar"]). Por el contrario, tendrían que someterse, según la misma ponderación de intereses, ante la orden de patrocinar por medio de un pago anual a "comediantes licenciosos". WOLFF renuncia a su praxis orientada a la ponderación y las consecuencias solo en el caso en que la autoridad fuerce a los ciudadanos *mismos* a obrar una injusticia, por ejemplo "asesinar a un hombre inocente"; en este caso, debe él insubordinarse. La presentación más exhaustiva del conflicto entre derecho natural y la ley estatal en la *"Jus Naturae"* de WOLFF es realizada por H. HOFMANN en su introducción de la edición de la *Deutsche Politik* aquí consultada, con las siguientes palabras (pp. 9 y ss): "en pocas palabras, la doctrina concluye que, en caso de colisión, la ley estatal prevalece –si bien con excepción del directo mandato judicial de acciones contrarias a la ley natural–".

[33] Con mayor detalle KLIPPEL, *Freiheit* (nota al pie 30), pp. 57 y ss., pp. 124 y ss., pp. 131 y ss. pp. 178 y ss. y otros.

hasta ese momento dominante del bien común *(bonum commune)* se instalara el aseguramiento de los derechos de los miembros de la sociedad. En tanto estos son vistos como inalienables, era ciertamente aún el modo de su ejercicio materia de regulación soberana posible. Sin embargo, en este estadio del desarrollo, la institución de la servidumbre ya no se deja conciliar más con las máximas del derecho natural. De hecho, no se desprendía de esto con necesidad que las verdaderas relaciones juzgadas en este sentido como contrarias al derecho natural en cierto modo fueran vistas como nulas y sin valor. Más bien se manifestó una nueva interpretación para la relación entre los principios del derecho natural y aquellos del derecho positivo, la que por un lado no derogó o privó de su función al derecho natural, aunque, de otro lado, desplazó y "superó", no sin dificultades, al derecho positivo contrario al derecho natural. El derecho natural ya no fue comprendido más como criterio de validez, sino tan solo como una petición no vinculante hecha al derecho positivo, como elemento de la política, de la ciencia legislativa[34]. La función del derecho natural vinculada a esto no debe ser menospreciada; como una apelación permanente y exhortación de reforma; como recomendación para otras mejores leyes no estuvo, seguramente, desprovista de importancia. Pero no hubo lugar a dudas en torno a la obligatoriedad de leyes contrarias al derecho natural. El principio "el derecho natural supera al derecho positivo" tampoco era válido. Esto vale tanto para defensores del antiguo como del nuevo derecho natural. La revisión iuspositivista del mejor y más correcto derecho no conduce inmediatamente al rechazo de la validez del derecho positivo contrario a ella, sino que se transforma en propuesta de reforma para el legislador, quien se convierte en el verdadero destinatario de los preceptos del derecho natural.

---

[34] SCHRÖDER, *"Naturrecht"* (nota al pie 29), p. 429.

c) Con esto gana el factor temporal una significación central, y esto significa, en concreto: la perspectiva de reforma. En el caso de IMMANUEL KANT, cuya concepción de teoría del estado ha sido descrita con la frase "reforma de acuerdo a principios"[35], permite estudiar bien este asunto[36]. Pues él postula, antes que nada, para el ordenamiento político-estatal, en paralelo estructural a la autolegislación moral, también la autolegislación referida al orden político. Correspondería a la dignidad de un ser racional, sigue KANT, que éste no obedeciera ley alguna que no se dé él mismo[37]. Nadie estaría obligado excepto por su conformidad, dice una sentencia parecida y a encontrarse a menudo[38]. De acuerdo con los principios de la razón, podría el poder legislativo corresponder a la voluntad unificada del pueblo, inculca él reiteradamente[39]. Todo esto suena sumamente moderno, rousseauniano y democrático. No obstante, es claro que KANT no deja que la realidad político-social de su época, constituida de modo distinto, se estrelle contra sus principios de la razón. Nuevamente, no es válido: el derecho natural, en este caso derecho natural racionalista, supera al derecho positivo. Este último no es automáticamente deslegitimado[40]. Por otro lado, KANT no es un apologeta de lo vigente. Más bien, apuesta él por el proceso de sucesiva ilustración

---

[35] C. LANGER, *Reform nach Prinzipien*, 1986.

[36] De modo detallado en torno a lo que sigue H. DREIER, *Kants Republik*, en ibíd.. (ed.) *Rechts- und staatstheoretische Schlüsselbegriffe: Legitimität – Repräsentation – Freiheit. Symposion für Hasso Hofmann zum* 70, Geburtstag, 2005, pp. 151 y ss. (pp. 163 y ss. y pp. 171 y ss.).

[37] IMMANUEL KANT, *Grundlegung zur Metaphysik der Sitten*, 1785, en *Kant's Gesammelte Schriften*, Akademie-Ausgabe, t. 4, p. 434.

[38] IMMANUEL KANT, *Reflexion* 6954, en *Kant's Gesammelte Schriften*, Akademie-Ausgabe, t. 19, pp. 212 y ss.; ibíd., *Zum Ewigen Frieden. Ein Philosophischer Entwurf*, 1795, en Akademie-Ausgabe, t. 8, p. 350, nota al pie *.

[39] Compárese DREIER, *Kants Republik* (nota al pie 36), pp. 167 y ss.

[40] Véase C. LINK, *Herrschaftsordnung und politische Freiheit*, 1979, pp. 114 y ss., según el cual la pretensión de validez normativa del derecho natural habría sido abandonada por KANT.

y, sobre todo, de la autoilustración de los monarcas. Evolución, no revolución, es la idea central programática. En el centro de sus consideraciones a este respecto se encuentra en KANT el concepto ambiguo de la república (pura)[41].

d) Finalmente, en el caso de GEORG FRIEDRICH WILHELM HEGEL, con cuya mención debe terminarse la peregrinación por las cumbres del espíritu, la idea de un derecho contrario a la razón, y por ello derecho positivo deleznable, no es prácticamente ya manifiesta. Como él lo aclara de manera suficiente en el prólogo de su *Filosofía del derecho*, que en su título completo todavía incluye el derecho natural, en *ningún* caso consiste la tarea de la filosofía en el esbozo de formas más bellas o mejores[42]. Esta [tarea] consiste más bien en concebir al estado como "la realidad de la idea ética" (§ 257) y como realización del espíritu del mundo (§ 340). Desde este punto de vista, es manifiestamente absurdo querer establecer al derecho natural como medida del ordenamiento jurídico y estatal, y querer posicionarlo como compuesto normativo de mayor importancia del desarrollo histórico del estado. HEGEL está convencido de que una puesta en tela de juicio del estado es por ello "superflua, realmente ridícula, pues el ideal

---

[41] Mucho más minucioso y con argumentos adicionales, DREIER, *Kants Republik* (nota al pie 36), pp. 171 y ss. y 175 y ss.

[42] G.W.F. HEGEL, *Grundlinien der Philosophie des Rechts oder Naturrecht und Staatswissenschaften mi Grundrisse*, 1821, prefacio: "Así pues, este manual, en cuanto contiene la ciencia del Estado, no debe ser nada más que una tentativa para concebir y exponer al Estado como algo racional en sí *(in sich)*. Como escrito filosófico tiene que estar lo más alejado de deber construir un Estado como éste debe ser. La enseñanza que puede encontrarse en él no puede dirigirse a enseñar al Estado como éste debe ser, sino más bien como él, el universo ético, debe ser conocido". [trad. EDUARDO VÁSQUEZ en G.W.F., HEGEL, *Rasgos fundamentales de la Filosofía del Derecho o compendio de derecho natural y ciencia del estado*, traducción directa del alemán de EDUARDO VÁSQUEZ, Madrid, Edit. Biblioteca Nueva, 2000, p. 75, n. del trad.]

ético del estado se encuentra en la realidad histórica correspondiente como un hecho frente a nosotros "[43].

3. VALIDEZ DEL DERECHO Y OBEDIENCIA A LA LEY EN EL POSITIVISMO JURÍDICO

¿Qué sucede, sin embargo, cuando el derecho positivo (promulgado y publicado debidamente) se muestra como no ético? ¿Resulta siendo contrario a un valor o amoral? ¿No se encuentra el positivismo jurídico frente a él inerme? ¿No promueve él la falta ética y la amoralidad cuando debe afirmar, para no ser infiel a sí mismo, el deber de obediencia también frente a tales normas?

3.1. La tesis de la "indefensión" del positivismo jurídico

Una tal indefensión frente al derecho no ético efectivamente se le ha reprochado al positivismo jurídico. En este sentido, es dominante la idea de una conexión indisoluble entre el concepto de derecho moralmente neutral y la cuestión de la obediencia. Especialmente clara se expresa esta amalgama en las famosas y muy influyentes palabras de GUSTAV RADBRUCH: el positivismo habría dejado indefenso al estamento de los juristas contra leyes de contenido criminal o no ético[44].

---

[43] N. HOERSTER, *Einleitung*, en ídem (ed.), *Klassische Texte der Staatsphilosophie*, 13.ª ed., 2006, p. 230. Profundizan sobre la filosofía del derecho y del estado de HEGEL: M. RIEDEL, *Hegels Kritik des Naturrechts*, 1967, en ídem, *Studien zu Hegels Rechtsphilosophie*, 1969, pp. 42 y ss; K.-H. ILTING, *Die Struktur der Hegelschen Rechtsphilosophie*, 1971, en M. RIEDEL (ed.), *Materialen zu Hegels Rechtsphilosophie*, 1974, pp. 52 y ss (especialmente pp. 61 y ss.); S. AVINERI, *Hegels Theorie des modernen Staates*, 1976, especialmente pp. 211 y ss.; HOFMANN, *Einführung* (nota al pie 7), pp. 183 y ss. Muy enfático M. PAWLIK, *Hegel und die Vernünftigkeit des Wirklichen*, en *Der Staat* 41, 2002, pp. 183 y ss.

[44] G. RADBRUCH, *Gesetzliches Unrecht und übergesetzliches Recht*, en *SJZ*, 1946, col. 105 y ss. (197): "el positivismo, con su convicción de 'la ley es la ley', ha tornado al cuerpo de ju-

Esta tesis de la indefensión contiene dos aspectos, uno histórico-empírico (al respecto a)) y uno sistemático-analítico (al respecto b)).

a) De acuerdo con el primer aspecto, carga el positivismo jurídico una deuda en cierto grado históricamente comprobable, tanto en lo referente al ocaso indefenso de la República de WEIMAR y a los siguientes estragos jurídicos del Tercer Reich. Este lado del reclamo puede hoy ser visto como contundentemente rebatido. Como nosotros sabemos, a partir de los trabajos de BERND RÜTHERS, HUBERT ROTTLEUTHNER y MICHAEL STOLLEIS, y contrario a una verdaderamente resistente leyenda, el positivismo jurídico no fue ni colaborador para el camino hacia el estado totalitario, ni cómplice sumiso y decisivo de los gobernantes durante el régimen del nacionalsocialismo[45]. Pues el positivismo jurídico no constituyó, en modo alguno, y en particular hacia el final de la República de WEIMAR, la postura fundamental o la perspectiva incondicionalmente dominante ni al interior de la magistratura, ni tampoco en el grupo de los científicos jurídicos; más bien, se puede registrar un fortalecimiento dramático del derecho estatutario y de posiciones iusnaturalistas u otras no positivistas. Por otra parte, en la época del nacionalsocialis-

---

ristas inerme en contra de leyes arbitrarias y contenidos delictivos". De modo similar M. KRIELE, *Recht und praktische Vernunft*, 1979, p. 126.

[45] En torno al tema que sigue como "clásicos": B. RÜTHERS, *Die unbegrenzte Auslegung*, 1968, 6.ª ed., 2005; E. FRANSSEN, *Positivismus als juristische Strategie*, en *JZ*, 1969, pp. 766 y ss.; H. ROTTLEUTHNER, *Substanzieller Dezisionismus*, en ibíd.. (ed.), *Recht, Rechtsphilosophie und Nationalsozialismus*, 1983, pp. 20 y ss.; ibíd., *Rechtspositivismus und Nationalsozialismus*, en *DuR* 1987, pp. 373 y ss.; M. STOLLEIS, *Geschichte des öffentlichen Rechts in Deutschland*, t. 3, 1999, pp. 316 y ss.; en detalle M. WALTHER, *Hat der juristische Positivismus die deutschen Juristen im "Dritten Reich" wehrlos gemacht?*, en R. DREIER y W. SELLERT (ed.), *Recht und Justiz im "Dritten Reich"*, 1989, pp. 323 y ss.; H. DREIER, *Die Radbruchsche Formel – Erkenntnis oder Bekenntnis?*, en FS ROBERT WALTER [FESTSCHRIFT ROBERT WALTER zum 60. Geburtstag], 1991, pp. 117 y ss. (120 y ss.); K. FÜSSER, *Rechtspositivismus und "gesetzliches Unrecht"*, en *ARSP* 78, 1992, s. 187 y ss.; A. ENGLÄNDER, *Grundzüge des modernen Rechtspositivismus*, en *Jura*, 2000, pp. 113 y ss. (115 con nota al pie 24); HASSEMER, *"Naturrrecht"* (nota al pie 9), p. 144.

mo todo tipo de positivismo fue condenado como constrictivo y desacreditado como no nacionalista por los gobernantes en el poder, así como por los juristas conformes con el sistema, en favor, en cualquier caso, de concepciones mucho más abiertamente no positivistas. Por tanto, tampoco fueron los actos jurídicos más vergonzosos aquellos que se debieron a la implementación al pie de la letra del derecho legislativo, imbuido como siempre de contenido positivo, sino de la reinterpretación del derecho, a menudo inalterado y todavía válido, en el sentido de la ideología nacionalsocialista. Esto ha sido documentado ampliamente por RÜTHERS, y lo ha denominado con el concepto acuñado por él de "interpretación ilimitada"[46]. Muy consecuentemente fueron sometidos masivamente a presión y reiteradamente obligados a emigrar no los antipositivistas, sino los positivistas. La opinión extendida hasta el día de hoy, de que los positivistas cargan en gran medida con la culpa de la marcha hacia la dictadura y de su consolidación interior, se revela vista más de cerca, por tanto, como una leyenda, la leyenda del positivismo. Las víctimas de la dictadura cosecharon con su exitosa difusión reproches de culpabilidad, mientras los artífices de la legitimación del régimen se aferraron estructuralmente tanto a sus posiciones materiales y substanciales como a su condena del positivismo jurídico, o bien se transformaron en apóstoles del derecho natural. La leyenda del positivismo es una campaña de desinformación extraordinariamente exitosa, que hizo de las víctimas victimarios, y de los victimarios, víctimas[47].

b) Sin embargo, aunque el reproche histórico de la culpa compartida en el fiasco jurídico del nacionalsocialismo se muestre, por tanto, como falso, aun así no se ha refutado que el positi-

---

[46] RÜTHERS, *Auslegung* (nota al pie 45), especialmente pp. 175 y ss. y pp. 183 y ss.

[47] El último pasaje tomado de H. DREIER, *Rezeption und Rolle der Reinen Rechtslehre. Festakt aus Anlaß des 70. Geburtstags von Robert Walter*, 2001, pp. 17 y ss. (30).

vismo jurídico haya, en cierto modo, propagado una postura a partir de sus disposiciones internas y de acuerdo a sus principios rectores, según la cual le sea debida obediencia al derecho vigente (sea cual sea su contenido), sin tener permitido preguntarse por mínimos éticos o, al menos, rudimentarias concepciones de la justicia. Tal tipo de apreciaciones, que pueden ser completamente separadas de sucesos históricos concretos, son una legión. En este sentido, se ha descrito al positivismo jurídico, sin más, como la cínica ideología de justificación de sistemas de gobierno dictatoriales[48]. Un poco menos polémico, aunque en el fondo en el mismo sentido, ha sido afirmado que el positivismo jurídico reclamaría para sí "como virtud fundamental la fidelidad a la ley", y que el derecho encontraría de acuerdo a éste "su justificación ya en su existencia"[49]. El año pasado se suscitó una controversia sobre una declaración que se mueve en estos linderos, incluso en la columna cultural y, seguidamente, en la sección de cartas de los lectores de un gran diario. Se trataba de la declaración del presidente de la Corte Federal de Justicia: "El positivismo como obediencia incondicional frente a la ley está superado"[50]. El reproche aquí nuevamente repetido afirma entonces que el positivismo jurídico propagaría o preferiría una postura según la cual se debe obediencia al derecho positivo (cualquiera sea su contenido).

---

[48] J. Hruschka, *Die Toderschüsse an der Berliner Mauer vor Gericht*, en *JZ*, 1992, pp. 665 y ss. (667); M Kriele, *Grundprobleme der Rechtsphilosophie*, 2004, p. 17; O. Höffe, *Politische Gerechtigkeit*, 1987, p. 23.; en contra N. Hoerster *Was ist Recht?*, 2006, pp. 67 y ss.; compárese también Dreier, *Radbruchsche Formel* (nota al pie 45), pp. 118 y ss.

[49] Breuer, *Recht* (nota al pie 3), p. 942; repetido completamente p. 949.

[50] G. Hirsch, *Zwischenruf – Der Richter wird's schon richten*, en *ZRP*, 2006, p. 161; en contra C Möllers, *Mehr oder weniger virtuos*, en *FAZ* n.° 249, del 26/10/2006, p. 37, así como B. Rüthers, *Zwischenruf aus der methodischen Wüste*: *"Der Richter wird's schon richten" (?)*, en *JZ*, 2006, pp. 958 y ss.

3.2 *Disociación crítica de derecho y justicia*

Este reproche sistemático-analítico es, a final de cuentas, tan inconsistente como el histórico-empírico. Remitiéndose a ambos exponentes principales del positivismo jurídico del siglo XX, KELSEN y HART, se puede mostrar bien que en este aspecto existe un error garrafal o un malentendido enorme[51]. Pues estos autores –así como también otros iuspositivistas– diferencian clara y tajantemente entre, por un lado, las cuestiones de la validez o del concepto del derecho y por otro lado, la cuestión de la obediencia a la ley. La clasificación de una norma como "derecho vigente" no afirma, a consecuencia de esto, nada sobre la cuestión del deber de cumplimiento y de la obediencia a la ley frente a esta norma. La afirmación de que, en el caso de una norma, se trate de una norma jurídica que pertenece al ordenamiento coercitivo vigente de un estado, según el parecer del positivismo jurídico, no vincula consigo misma juicio de valor alguno sobre el bien o la calidad del orden legal en general o de una norma jurídica particular en especial[52]. La calificación como derecho prescinde de cualquier concesión de determinada dignidad y no se ocupa, en absoluto, de la pregunta de si se debe o no obediencia a estas normas o

---

[51] En el caso de KELSEN, detalladamente DREIER, *Rechtslehre* (nota al pie 6), pp. 159 y ss. y pp. 228 y ss.; conciso R. WALTER, *Hans Kelsens Reine Rechtslehre*, 1999, p. 12. Véase también HOERSTER, *Was ist Recht* (nota al pie 48), pp. 77 y ss. (77: "Ningún positivista jurídico moderno defiende la tesis de la observancia, entendida moral o éticamente, mucho menos KELSEN o HART"). Compárense también los datos a continuación.

[52] Mediante el recurso explícito a una expresión muchas veces citada de J. AUSTIN, ha sido esto claramente diagnosticado ya por K. BERGBOHM, *Jurisprudenz und Rechtsphilosophie*, t. I, 1892, pp. 397 y ss. Él se remite a JOHN AUSTIN, *The Province of Jurisprudence Determined*, 1832, aquí se cita la traducción según la edición de 1954, p. 184: "La existencia de la ley es una cosa; su mérito o demérito, otra. Si esta existe o no, es una cuestión; si esta corresponde o no a un estándar supuesto, otra. Una ley que ya existe, es una ley, incluso si se da el caso de que nos desagrade, o si esta se aleja del texto por el cual nosotros regulamos nuestra aprobación o desaprobación". [Traducción directa del inglés según J. AUSTIN, *The province of jurisprudence determined*, WILFRID E. RUMBLE (ed.), New York, Cambridge University Press, 1995, p. 197, n. del trad.]

las leyes del estado. La respuesta a esta pregunta depende de criterios de valoración ético-morales, políticos, religiosos u otros decisivos, y, por esta razón, se encuentra en un plano muy diferente. Justamente porque y solo porque ella se encuentra en un plano distinto, el derecho "vigente" también puede ser juzgado y rechazado por cada criterio como recusable, no ético, irreligioso: rechazado en el sentido de que se le niega obediencia, en tanto las normas jurídicas no son acatadas ni aplicadas; la obediencia tanto de los ciudadanos como del cuerpo colegiado a la ley es negada. Como resultado encontramos, entonces, una revalorización dramática de los criterios evaluativos del individuo, *su* moral, *sus* concepciones éticas, *sus* opiniones éticas, religiosas, políticas.

En resumen, para el caso de KELSEN, puede sostenerse el siguiente análisis: "la afirmación de que una norma determinada pertenece al ordenamiento jurídico, significa para KELSEN solamente, que ésta se inserta en el contexto global de un ordenamiento coercitivo, en general eficaz y usualmente estatal. Juicios de manera tal que esta norma coincida o no con principios morales, máximas éticas, principios de la doctrina del derecho natural o máximas éticas de segmentos poblacionales más amplios, no están vinculados con esto. Mucho menos se afirma una pretensión de observancia objetiva y el deber –correspondiente a ésta– de obediencia a la ley o de sometimiento a la ley. La disociación crítica de derecho y justicia, que KELSEN realizó conscientemente, brinda la posibilidad de una reproducción y sistematización neutral de ordenamientos coercitivos efectivos. Con esto se da a entender de modo muy sobrio que el derecho es un –posiblemente deficiente– instrumento humano, con el fin de contrarrestar una –falsa eticisación del derecho– (BARATTA). La estricta separación de derecho y moral vinculada a ello debe aguzar, no nublar, la visión para la ley mala, contraria a los valores, no ética. En tanto que el derecho se conciba totalmente neutral como ordenamiento coercitivo efectivo, puede fungir la moral autónoma del individuo como potencial crítico y reflexivo de las reglas de conducta heterónomas. Si se debe obedecer el orden estatal respectivo o si se debe sublevarse contra éste, KELSEN confía esto por tanto al juicio autorresponsable del individuo. No existe un deber objetivo de obediencia a la ley. Así, la imposibilidad de una legitimación objetivo-práctica de un orden jurídico conduce al aumento de la importancia de la moral individual. No el derecho positivo como tal, sino la propia opinión sobre el valor o la carencia de valor del derecho se coloca como absoluto"[53].

En particular, H.L.A. HART ha resaltado que, mediante una versión neutral del concepto de derecho, que renuncia así a una ligazón conceptual con la moral, en aras de la claridad, se pueden poner de relieve, de modo más preciso y nítido, los conflictos subyacentes. "El deseo más importante de estos pensadores [de los positivistas jurídicos, H.D.] fue la formulación diáfana y honesta de los problemas teóricos y morales que se desprenden de la existencia de tales leyes, las que, reprobables desde el punto de vista moral, formalmente y debidamente promulgadas, son claras en su significado y se encuentran en armonía con todo criterio de validez del correspondiente ordenamiento jurídico. Los positivistas jurídicos compartían el parecer de que tanto los juristas, como también cualquier desdichado funcionario público o ciudadano que haya aplicado u obedecido estas leyes, solo estarían confundidos si se les exigiese que retiren el predicado 'derecho' o 'válido' a estas leyes. Ellos creían que habrían medios más sencillos y honestos para ocuparse de estos problemas –medios que resalten mucho mejor todos los puntos de vista intelectuales y morales relevantes–. Así, deberíamos decir: –es cierto que

---

[53] DREIER, *Radbruchsche Formel* (nota al pie 45), pp. 130 y ss.; compárese del mismo autor: *Hans Kelsen (1881-1973): "Jurist des Jahrhunderts"?*, en H. HEINRICHS y otros (ed.), *Deutsche Juristen jüdischer Herkunft*, München, 1993, pp. 705 y ss. (p. 720 y pp. 722 y ss.).

esto es derecho, pero es demasiado abyecto para ser aplicado u obedecido"[54].

Esta estricta disyunción de validez de la ley y obediencia de la ley demanda entonces solo, aunque sea como fuere la disposición, considerar los deberes jurídicos no como deberes al mismo tiempo éticos y objetivamente vinculantes. Ello lo ha subrayado sin ambages, mucho antes que HART, el teórico jurídico FÉLIX SOMLÓ: "No obstante, uno no puede en modo alguno, partiendo de aquí, llegar a la conclusión de que los así llamados deberes jurídicos sean deberes éticos. Esta conclusión se apoya, por un lado, sobre la confusión del significado jurídico y ético del derecho y, en este sentido, desemboca finalmente en la errada asunción de un concepto del derecho con contenido. Por otro lado, esta concepción tiene como supuesto que la moral brinda al derecho una *charte blanche*, que el derecho podría rellenar arbitrariamente. Sin embargo, de esta manera el derecho se le iría de las manos a la moral, y la obediencia de la ley, finalmente, sería elevada al rango de deber moral más alto. Dado que esto no es así para él, dado que puede haber ley absolutamente no ética,

---

[54] H.L.A. HART, *Der Begriff des Rechts*, 1973, citado en lo que sigue según N. HOERSTER (ed.), *Recht und Moral. Texte zur Rechtsphilosophie*, 1987, p. 71 (compárese actualmente H.L.A. HART, *The Concept of Law*, 2.ª ed., 1994, pp. 207 y ss. [208]). En confrontación indirecta con la fórmula de RADBRUCH: H.L.A. HART, *der Positivismus und die Trennung von Recht und Moral*, 1958, en ibíd., *Recht und Moral. Drei Aufsätze, aus dem Englischen übersetzt und mit einer Einleitung herausgegeben von Norbert Hoerster*, 1971, pp. 14 y ss. (pp. 40 y ss.), especialmente pp. 42 y ss.: "creo que uno no lo [RADBRUCH, H.D.] agravia con la constatación de que su argumentación delata que él solo ha entendido a medias el mensaje espiritual del Liberalismo, mensaje que él intenta transmitir al cuerpo de juristas. Pues todo lo que él dice se basa en el malentendido de que con el reconocimiento de una norma como una norma válida del Derecho ya se ha decidido también la cuestión '¿debe uno obediencia a esta norma del derecho?'. Sin lugar a dudas, es la verdadera respuesta liberal a todo uso dudoso del refrán 'la ley es la ley' o a la diferenciación entre Derecho y Moral: 'pues bien, sin embargo esto no decide la cuestión. El Derecho no es la Moral; que no se le deje suplantar a la Moral" De modo muy similar a la cita inicial suena la concisa frase de BERGBOHM, *Jurisprudenz* (nota al pie 52), p. 398, según la cual el jurista iusnaturalista "no (sería) capaz de conceder: es una ley mala, así y todo, ley".

debemos, por tanto, reconocer la imposición de la norma jurídica, como una carga independiente de los deberes morales, y si nosotros deseamos utilizar para tal fin la denominación "deber", como deberes jurídicos moralmente independientes"[55].

En realidad, este paso no pudo ser dado por RADBRUCH, y por ello él se ve obligado a buscar tras 1945 una nueva mediación entre el deber general de la obediencia a la norma desde fundamentos "éticos" y la construcción del concepto de derecho. Inmediatamente tras la aparición de su *Filosofía del derecho* en el año 1914, se ha hecho notar que no podría hablarse aquí de un puro relativismo del valor[56]. En efecto, RADBRUCH subdivide una pluralidad de opciones (objetivas) de fundamentación del valor, sin poder ni tampoco querer renunciar a la idea de validez objetiva, y con ello la obligatoriedad subjetiva[57]. En este caso, falta justamente aquella disyunción de validez del derecho y pretensión de observancia que nosotros encontramos tan acentuada en KELSEN, SOMLÓ y HART. Para citar, además de EMGE, a otro contemporáneo de proveniencia nada sospechosa, podemos remitirnos a RICHARD THOMA. Él caracteriza la posición de RADBRUCH con la imagen excepcionalmente elocuente del "puente de la autonomía del individuo a la heteronomía de la ley" y prosigue en su explicación de RADBRUCH: en tanto la conciencia ética afirma el ordenamiento jurídico y comprende la necesidad de la seguridad jurídica, firma, en cierto modo, un cheque en blanco en favor del legislador constitucional"[58]. Exactamente una carta blanca tal no existe en el caso de otros positivistas jurídicos.

---

[55] F. SOMLÓ, *Juristische Grundlehre*, 1917, p. 431.

[56] C.A. EMGE, *Über das Grunddogma des rechtsphilosophischen Relativismus*, 1916, p. 14 y pp. 47 y ss.

[57] DREIER, *Radbruchsche Formel* (nota al pie 45), pp. 128 y ss.

[58] R. THOMA, *Grundbegriffe und Grundsätze*, en G. ANSCHÜTZ y R. THOMA (ed.), *Handbuch des Deutschen Staatsrechts*, t. 2, 1932, § 71, pp. 108 y ss. (p. 141 en nota al pie 77).

En resumidas cuentas: para iuspositivistas como KELSEN y HART, aunque también para representantes del positivismo constitucionalista como RICHARD THOMA[59], son la validez del derecho y la obediencia de la ley dos cosas completamente distintas. La falta de eticidad de las leyes no conlleva la pérdida de su carácter de ley. Sin embargo, su clasificación resultante de una valoración ética, moral, religiosa o ideológica como derecho incorrecta, no ética o injusta puede conducir al rechazo a la obediencia de ésta. Sobre la base del concepto positivista del derecho, en ningún caso, por consiguiente, se encuentra zanjada la pregunta por la justicia o se declara ésta como ilegitima[60], sino que se abre en toda su amplitud y consciente de un radical individualismo, se deja a la valoración de cada individuo. Así, por ejemplo, KELSEN no rechaza la filosofía del derecho como tal, sino que solo le asigna un lugar fuera de la determinación del concepto del derecho positivo.

---

[59] THOMA, *Grundbegriffe* (nota al pie 58), pp. 141 y ss., da por sentado que legislativo aunque podría, no tendría permitido, crear derecho formalmente válido de contenido injusto o no ético, para luego proseguir: "Sin embargo, el yo autónomo de cada subordinado a la ley es libre para rehusar el reconocimiento interior a una norma jurídica cualesquiera. Este rechazo puede presentarse en diferentes grados (…). Finalmente, es pensable que un precepto jurídico me parezca completamente injustificable, ya sea (…) que yo la perciba como recusable (injusta, no ética) (…) debido al contenido monstruoso que presente. También de una norma tal debo yo reconocer, en tanto que el poder estatal se mantenga vigente, que constituye en el sentido formal de la palabra un 'precepto jurídico', siempre que yo también en mi *foro interno* y en aplicación de aquel otro concepto ideal relacionado con el concepto de justicia, le otorgue el nombre de una norma de fuerza o de ley injusta. Y en el caso de que mi intuición ética me impulse hacia la desobediencia, a la exhortación pública a la desobediencia, o bien a la rebelión, así debería yo en efecto conceder, que yo con esto, al servicio de la 'ley' (en un sentido del término), lesiono la 'ley' (en el otro sentido del término) positiva".

[60] Así, sin embargo, J. HRUSCHKA, *Vorpositives Recht als Gegenstand und Aufgabe der Rechtswissenschaft*, en *JZ*, 1992, pp. 429 y ss. (431): "un intento (…) de separar las cuestiones de la justicia y la injusticia". En el fondo, la famosa formulación de RADBRUCH sobre la única doctrina jurídica general posible bajo el imperio del positivismo como la "eutanasia de la filosofía del derecho" (RADBRUCH, *Rechtsphilosophie* [nota al pie 12], § 3 [p. 27]), va en la misma dirección, y con ello exactamente hacia el equívoco.

La disyunción de validez del derecho y obediencia a la ley descansa en un avanzado desarrollo de pluralización y relativización, también de la desintegración de deberes morales y jurídicos. Ahora se concibe la idea, que debe ser sobrellevada, de que las normas jurídicas sean válidas formalmente, pero que se estrellan contra ese otro cosmos jurídico del individuo.

En su conjunto, la diferencia práctica con el derecho natural convencional no es muy grande[61]. Lo que allí conduce al no reconocimiento de normas jurídicas formalmente válidas, que no son éticas es la en cierto modo objetiva o pensada como objetivable contradicción con elementos centrales del sistema iusnaturalista correspondiente. En el caso de la disyunción iuspositivista de validez de la ley y obediencia de la ley, se produce una contradicción entre aquellas normas legales no éticas en relación con los valores y convicciones del individuo, en cierto modo contra su mundo de normas privado. Si la ley consagrada es también la correcta o la justa, es una cuestión que permanece siempre abierta a ser nuevamente discutida, o a ser respondida, en definitiva, por cada individuo. La tensión entre la ley válida formalmente (y también obedecida y aplicada), por un lado, y las concepciones de la justicia, por otro, es mantenida. El derecho natural tiende, en cambio, a una reconciliación inmanente al derecho, en cierto modo, entre la validez y la bondad de la ley y, por ello, no solo a confirmar la no eticidad de la ley no ética, sino a negarle el carácter de ley.

Uno puede decir, aun más sencillamente, que los positivistas operan con un concepto de derecho dual, mientras que los naturalistas prefieren una solución monista. El concepto dual de

---

[61] Compárese al respecto y sobre lo que sigue DREIER, *Rechtslehre* (nota al pie 6), pp. 171 y ss.; también KELSEN, *Rechtslehre* (nota al pie 16), p. 442. Muy claro al respecto H. GEDDERT, *Recht und Moral*, 1984, pp. 218 y ss. (pp. 222 y 224).

derecho no produce, sin embargo, una "confusión"[62], como se ha dicho, sino que se apoya sobre la diferenciación corriente –al menos desde John Austin– entre la ley, como ésta es, y aquel, como debería ser[63].

4. Derecho y moral

El campo que trataremos ahora es seguramente el más difícil, pues tanto los contextos como las posibilidades de diferenciación entre derecho y moral son extraordinariamente complejos[64]. Por ello, en lo siguiente mi tratamiento debe reducirse a dos preguntas fundamentales. Por un lado, se trata de aquello que, de acuerdo con el positivismo jurídico, significa la separación de derecho y moral (sobre esto 4.1); por otro lado, se plantea la pregunta, si las doctrinas iusnaturalistas pueden ser comprendidas como intentos de una, en lo posible amplia, moralización del derecho (4.2).

4.1. Separación de derecho y moral en el positivismo jurídico

En relación con la primera pregunta, se puede notar, antes que nada, aquello que esta separación –de acuerdo con el positivismo jurídico– *no* significa. Sus defensores no pueden, ni quieren, denegar la real correlación causal entre el contenido del derecho y los factores sociales a los que pertenecen, no en última instancia, las intuiciones morales. Esta relación empírico-fáctica entre las

---

62 Así, sin embargo, J. Hruschka, *Recht und Unrecht bei Norbert Hoerster*, en ARSP 79, 1993, pp. 421 y ss. (p. 422).

63 Compárese supra nota al pie 52.

64 Seis diferentes perspectivas de la relación distingue y analiza ya H. Hofmann, *Recht und Ethik, en Verhandlungen des 64. Deutschen Juristentages*, t. II/1, 2002, pp. K5 y ss; detallado también Geddert (notal al pie 61), pp. 41 a 189.

convicciones éticas de los ciudadanos y sus principios morales, por un lado, y el ordenamiento jurídico, por otro lado, es tan evidente, que uno puede denominar al derecho de modo compacto como "moral cuajada"[65]. No es menos evidente que en el proceso legislativo concreto se involucran intereses de carácter económico, político o religioso, como PHILIPP HECK lo ha resaltado en una expresión muy citada[66].

Así son en cierto modo para KELSEN la determinación social y la limitación del derecho una llana evidencia. Él ha hecho notar, una y otra vez, que la tesis positivista de la separación de derecho y moral no significa la negación del contenido, basado en determinadas consideraciones morales, principios religiosos, como también intereses económicos y fines políticos de las normas jurídicas, ni tampoco la negación de su correspondiente génesis[67]. Por ello se realiza una distorsión completamente insostenible, aunque probablemente incorregible, de su trabajo, cuando se hace pasar la pureza postulada por pureza del objeto, liberación del derecho de los hechos sociales e intereses controversiales de la sociedad real, y se reprocha a su doctrina ser "vacía", o de buena gana también (al menos hoy en día menos sensible) "exangüe"[68]. Sobre el trasfondo de un dualismo agudamente trabajado entre ser y deber, se demanda más bien la pu-

---

[65] G. JELLINEK, *Über die sozialethische Bedeutung von Recht, Unrecht und Strafe*, 1878, 2.ª ed., 1908, p. 45. Exhaustivo al respecto, H. NEF, *Recht und Moral in der deutschen Rechtsphilosophie seit Kant*, 1937, pp. 57 y ss.

[66] P. HECK, *Gesetzeauslegung und Interessenjurisprudenz*, en *AcP* 112, 1914, pp. 1 y ss. (17): "Las leyes son las resultantes de intereses, de tendencia material, nacional, religiosa y ética, mutuamente enfrentados en cada comunidad jurídica y que luchan por el reconocimiento. Esta intuición constituye el núcleo de la jurisprudencia de intereses".

[67] Compárese *pars pro toto* solamente H. KELSEN, *Allgemeine Staatslehre*, 1925, p. 21. Con mayor detalle DREIER, *Rechtslehre* (nota al pie 6), pp. 113 y ss.

[68] E. EHRLICH, *Grundlegung der Soziologie des Rechts*, 1913, 4.ª ed., 1989, p. 20; recibido, por ejemplo, por N. HORN, *Einführung in die Rechtswissenschaft und Rechtsphilosophie*, 3.ª ed., 2004, apartado 158: "exangüe, inexpresiva y alejada de la realidad".

reza del tratamiento teórico-jurídico del material de las normas. La doctrina pura del derecho no desea ser doctrina del "puro" (buen, deseable, correcto) derecho, sino una doctrina pura y genuina del derecho positivo vigente[69], en cuya descripción libre de valoraciones vislumbra KELSEN la única tarea legítima de la ciencia jurídica.

¿Qué sostiene entonces la tesis iuspositivista de la separación de derecho y moral en realidad? Ella sostiene que, en caso de una contradicción entre el derecho positivo, formalmente válido, y principios o valoraciones morales determinadas, el derecho no pierde con esto su carácter de derecho. Esta es la así llamada tesis de la separación o de la neutralidad[70]. En ella es ciertamente importante, que con la calificación como derecho no se afirma aún nada sobre la dignidad de la norma positiva correspondiente o de si esta merece ser acatada. La clasificación de las normas como derecho es separada de la cuestión de si se trata de regulaciones correctas y justas, o no éticas y reprobables. Para una tal separación, se pueden aducir especialmente los conceptos de oportunidad y claridad[71]. Además solo se puede en realidad criticar al derecho por ser no ético, injusto o contrario a la moral, cuando se le ha identificado antes como derecho[72]. Mientras el positivismo

---

[69] De modo preciso H. KELSEN, *Was ist die Reine Rechtslehre?*, 1953, en H. KLECATSKY, R. MARCIC y H. SCHAMBECK (ed.), *Die Wiener Rechtstheoretische Schule. Ausgewählte Schriften von Hans Kelsen, Adolf Julius Merkl und Alfred Verdross*, t. I, 1968, pp. 611y ss. (620).

[70] En torno a su carácter constitutivo para el positivismo jurídico, N. HOERSTER, *Verteidigung des Rechtspositivismus*, 1989, pp. 20 y ss.; OTT, *Rechtspositivismus* (nota al pie 45), pp. 175 y ss.; T. OSTERKAMP, *Juristische Gerechtigkeit*, 2004, pp. 10 y ss.

[71] ENGLÄNDER, *Grundzüge* (nota al pie 45), p. 114.

[72] Un ejemplo gráfico brinda N. HOERSTER, *Zur Verteidigung des Rechtspositivismus*, en *NJW*, 1986, pp. 2480 y ss. (2481): "a un norteamericano blanco, por ejemplo, quien desea viajar por Sudáfrica con su esposa de piel oscura y que se preocupa por los pormenores de su viaje, no se tranquilizará con la declaración 'iusnaturalista' de que la leyes del Apartheid de allí no serían leyes válidas debido a su flagrante violación de los Derechos Humanos". En una generalización que conlleva el mismo sentido, ENGLÄNDER, *Grundzüge* (nota al pie 45), p. 114: "el supuesto para una crítica tal y las consecuencias que de ella se

jurídico acerca el juicio sobre la cualidad del derecho positivo, por así decirlo, desde fuera, a las normas, este juicio es proyectado sobre el concepto de derecho por las doctrinas iusnaturalistas o por RADBRUCH[73].

4.2. *¿El derecho natural como equiparación de derecho y moral?*

Mientras que, de vez en cuando, se reprocha al positivismo jurídico negar o ignorar absolutamente cualquier tipo de influencia de la moral sobre el derecho, no en pocas ocasiones se concibe al derecho natural de modo tal que se trate, en el fondo, del traslado de los postulados de la moral al derecho, por tanto, en cierto modo, de la transformación de postulados morales en normas jurídicas vinculantes y, en general, válidas. Pero también, en tal sentido, sería esto una equivocación, en todo caso, una grave reducción del derecho natural, si se viese en él solamente el gran intento de moldear concepciones morales (éticas, religiosas) e imperativos en la forma del derecho estatal obligatorio. Con respecto a esto, algunas anotaciones forzosas y puntuales:

a) Una diferenciación tal entre los postulados de las leyes éticas cristianas, por un lado, y las leyes mundanas, por otro, es ya clara en AGUSTÍN, cuando él justifica la tolerancia de la prostitu-

---

puedan extraer es en efecto, poder *identificar* antes que nada el *objeto* de la crítica como el derecho vigente". (Cursivas en el original, H.D.).

[73] Naturalmente, esto tiene en tal caso un revés afirmativo: si las leyes no pueden ser calificadas como flagrantemente injustas o no éticas, existe al contrario el deber de observancia. Aquí aparece nuevamente un cierto objetivismo, mientras las posiciones iuspositivistas están impregnadas mucho más fuerte de un relativismo individual. Sin embargo, si se atribuye al derecho a la vez, y en cierto modo automáticamente también, validez ético-moral, entonces puede debilitarse la disposición moral a la resistencia contra leyes injustas. Con conocimiento de causa advirtió HART que para AUSTIN o BENTHAM "habría un inequívoco deber moral de oponer resistencia y negar la obediencia a leyes que hayan alcanzado un determinado grado de iniquidad". (HART, *Positivismus* [nota al pie 54], p. 41).

ción, con el argumento del mal menor[74]. Algo más fuertemente dirigido hacia lo general, y allende el mero pragmatismo del mal menor, es su énfasis del rol especial de la ley, a saber el mundano, que está fijado para servir a la coexistencia pacífica de los seres humanos[75]. En todo caso, se hace evidente que aquí no se demanda ninguna traslación completa de normas éticas en leyes (penales) estatales[76].

b) De modo muy parecido, según TOMÁS DE AQUINO, no están prohibidos todos los vicios por la ley humana, sino tan solo lo más graves[77]. Con razón se ha dicho sobre TOMÁS, que él rechaza "la codificación de toda la eticidad. Que la ley humana vaya a la zaga de la ley natural no es considerado por él simplemente como carencia, sino como imitación del comportamiento divino"[78]. Sin embargo, esto no debe tornar impreciso que el cristiano como tal, allí donde las leyes del estado callan o permiten expresamente la variedad de acción contraria, esté obligado a un comportamiento ético y de acuerdo a la religión[79]. Al mismo tiempo, resalta esto tan solo que se hable del derecho estatal como un mínimo ético, el que en modo alguno descarta exigencias del deber más allá de éste, sean de carácter religioso, ético o moral[80]. Nuevamente TOMÁS: "Que según las leyes humanas se dejan impunes muchas faltas que, a tenor del juicio divino, son pecados, como es manifiesto en la fornicación simple, puesto que la ley humana no

---

[74] Compárese BREUER, *Recht* (nota al pie 3), p. 956.

[75] Ibíd.

[76] H. WEBER, *Wieweit ist Sittlichkeit rechtlich erzwingbar?*, en *Trierer Theologische Zeitschrift* 74, 1965, pp. 269 y ss. (p. 271 y s.).

[77] TOMÁS DE AQUINO, *S. Th.* I-II (nota al pie 15), 96.2.

[78] WEBER, *Sittlichkeit* (nota al pie 76), p. 275.

[79] WEBER, *Sittlichkeit* (nota al pie 76), p. 280.

[80] BREUER, *Recht* (nota al pie 3), p. 964: lo ético puede continuar como el derecho.

exige del hombre una virtud omnímoda..."[81]. Y al revés es válido: acciones que el estado permite o en todo caso no castiga no son tan solo por esto carentes de significación ética o enteramente permitidas éticamente[82]. Esto permanece, por así decirlo, en el juicio autónomo de estas cuestiones dentro de los subsistemas correspondientes, de acuerdo con cada uno de los criterios propios de enjuiciamiento. En este sentido, el Concilio Vaticano II ha hablado de la "justa autonomía de la realidad terrena"[83]. Sobre este punto: ¡el catecismo de la Iglesia Católica, o bien su compendio, con su dura condena de muchos modos de comportamiento vistos en general hoy como no problemáticos[84], no debe ser leído como Código Penal ni como un proyecto alternativo a éste! Más bien se trata de la fijación de los estándares éticos de una comunidad religiosa particular para sus miembros y simpatizantes.

c) En el caso de KANT, encontramos de modo mucho más pronunciada la disociación de eticidad y derecho. La clara diferenciación entre doctrina de la virtud y doctrina del derecho en su *Metafísica de las costumbres* señala el camino, junto con la distinción central entre moralidad y legalidad[85]. Estos pares de

---

[81] TOMÁS DE AQUINO, *S. Th.* II-II (nota al pie 21), 69.2 ad 1. [Traducción española de LORENZO JIMÉNEZ PATÓN en SANTO TOMÁS DE AQUINO, *Suma de Teología* III, parte II-II (a), Madrid, Biblioteca de Autores Cristianos, 1990, n. del trad.]

[82] J. LISTL, *Strafrecht und Moral*, en *Stimmen der Zeit* 179, 1967, pp. 251 y ss. (254).

[83] Constitución Pastoral "*Gaudium et spes*" del 7/12/1965, capítulo 3, § 36: "*De iusta rerum terrenarum autonomia*" (H. DENZINGER y P. HÜNERMANN [ed.], *Enchiridion symbolorum definitionum et declarationum de rebus fidei et morum/Kompendium der Glaubensbekenntnisse und kirchlichen Lehrentscheidungen*, 37.ª ed., 1991, § 4336).

[84] *Catecismo de la Iglesia Católica*, Compendio, 2005, § 492, introduce entre los "pecados graves contra la castidad", entre otros, la masturbación, la pornografía, la prostitución y actos homosexuales. No se debe ciertamente omitir que la Iglesia Católica, en el mismo Compendio como en muchas otras comunicaciones, reclama muy seguido a la autoridad estatal para el soporte de las normas y modos de comportamiento favorecidas por ella, por ejemplo mediante las leyes (penales).

[85] En torno a lo siguiente, véase con información adicional DREIER, *Kants Republik* (nota al pie 37), pp. 155 y ss.

conceptos no son idénticos, aunque están conectados unos con otros. Moralidad y legalidad se diferencian en relación al modo de cumplimiento de las normas, respectivamente, de acuerdo a como están constituidos los "resortes internos" (como dice KANT). Es este resorte la idea del deber según la ley, en tal caso habla KANT de moralidad. La mera conformidad de la acción con el mandato, sin tomar en cuenta los resortes, en cambio, la denomina KANT legalidad. Un ejemplo al respecto: el cumplimiento de las leyes penales por miedo a sanciones, no por discernimiento interior. Esta diferencia en el modo de cumplimiento se puede referir, no obstante, tanto a deberes legales como a deberes éticos. Los deberes éticos se diferencian pues de los deberes legales, en tanto estos son externos y coercibles, mientras que aquellos, a falta de coercibilidad externa, se deben asentar sobre la coerción a la autocoerción. También se pueden cumplir deberes éticos en el modo de la moralidad o de la legalidad. Para el contexto de filosofía del estado, es decisivo que en el estado de derecho deba bastar el mero cumplimiento legal exterior de las leyes. La motivación interior, el ímpetu moral existente o inexistente, por tanto, no le concierne sencillamente al estado. Incluso en el cumplimiento de una norma jurídica únicamente por miedo al castigo, y no por discernimiento interior, se satisface la normativa, sin que ésta deba ser vista como "legítima" o internalizada por el sujeto sometido a la ley. El estado liberal se contenta con la concordancia de la acción y del mandato legal, sin tomar en cuenta los motivos, es decir, los resortes. En tal sentido, KANT puede ser clasificado con razón como el "fundador de una teoría liberal del derecho y la política en Alemania"[86]. Esto también debido a que la determinación del derecho como "el conjunto de condiciones bajo las cuales el arbitrio de uno puede conciliarse con el arbitrio

---

[86] R. RUŽIČKA, *Art. Naturrecht* IV.4, en J. RITTER y K. GRÜNDER (ed.), *Historisches Wörterbuch der Philosophie*, t. 6, 1984, col. 594 y ss. (595).

del otro según una ley universal de la libertad"[87] implica una relación de finalidad indisoluble del derecho con el estatus libre del individuo. En esta referencia a la libertad encuentra el derecho simultáneamente tanto su legitimación como su limitación. Con esto, se encuentra en estrecha relación que la "República pura"[88] anunciada por KANT, es decir, el estado organizado de acuerdo con principios racionales, no es aquél que habría de convertir principios de la moral total e inmediatamente en normas legales apertrechadas de obligatoriedad. La moral no se encuentra esperando en la antesala del derecho. El ordenamiento jurídico no debe ser ético, sino posibilitar la eticidad del individuo[89]. Precisamente, KANT no desea que los principios de la moral se conviertan completa e inmediatamente en aquellos del derecho positivo; él desea, más bien, hacer que el ordenamiento jurídico se funde en principios racionales. Y estas normas del derecho racional, es decir del correcto, son aquellas "que en un modo específico conciernen solo al accionar externo y socialmente efectivo, y no a las motivaciones de la acción o a los fines de la acción"[90]. El derecho correspondiente al derecho natural racional de acuñación kantiana no es entonces una forma de transformación de la moral, sino una forma racional de organización estatal para seres humanos libres.

---

[87] I. KANT, *Metaphysik der Sitten*, 1797, *Einleitung* § B (Akademie-Ausgabe, t. 6, 1968, p. 230) [citamos de la traducción española de ADELA CORTINA y JESÚS CONILL en I. KANT, *La metafísica de las costumbres*, Estudio preliminar de ADELA CORTINA ORTS, traducción y notas de ADELA CORTINA ORTS y JESÚS CONILL SANCHO, Madrid, Edit. Tecnos, 1989, n. del trad.]

[88] De una República pura o verdadera habla él en KANT, *Metaphysik der Sitten* (nota al pie 87), *Erster Teil*, § 52 (Akademie-Ausgabe, t. 6, p. 340.)

[89] HOFMANN, *Rechtsphilosophie* (nota al pie 7), p. 166.

[90] HOFMANN, *Rechtsphilosophie* (nota al pie 7), p. 7 y s.

5. Aplicación del derecho y concreción de normas: ¿determinación absoluta o apertura estructural?

5.1. La tesis de la subsunción como reproche al positivismo jurídico

Pertenece a los estereotipos de crítica al positivismo jurídico usuales atribuirle a éste una determinada (mecánica o automática) concepción de la aplicación del derecho. Ésta se reduce a operaciones puramente lógicas, en famosos procesos argumentativos silogísticos, es decir, en operaciones del pensamiento, las que no dejan lugar alguno a valoraciones subjetivas, intereses, posibilidades de plasmación o alternativas de decisión. Hoerster habla en tal sentido gráficamente de la "tesis de subsunción"[91]. Ella, si miramos de nuevo a los famosos positivistas jurídicos del siglo xx, se deja fácilmente rebatir, pues las posiciones de Kelsen y Hart son absolutamente claras y señalan, más bien, en la dirección contraria.

En el caso de Kelsen, se presenta cada acto de aplicación del derecho simultáneamente como un fragmento de producción de derecho y, con ello, inevitablemente como un acto creador, algo que está relacionado estrechamente con la doctrina de la jerarquía normativa [*Stufenbaulehre*] desarrollada por Adolf Merkl e integrada en la *Teoría pura del derecho*. La interpretación del derecho es siempre, en parte, un acto cognitivo, en parte, un acto de la voluntad; es al mismo tiempo cognición y decisión[92]. Esto es válido tanto para la "aplicación" de las normas constitucionales a través de la actividad legislativa como para cada forma de

---

[91] Hoerster, *Was ist Recht* (nota al pie 48), p. 74 y pp. 118 y ss.

[92] Sobre lo siguiente Kelsen, *Rechtslehre* (nota al pie 16), pp. 242 y ss. y pp. 346 y ss.; de la extensa literatura secundaria, por ejemplo, Dreier, *Rechtslehre* (nota al pie 6), pp. 129 y ss. y pp. 145 y ss.; R. Lippold, *Recht und Ordnung*, 2000, pp. 374 y ss. y pp. 380 y ss.; C. Jabloner, *Stufung und "Entstufung" des Rechts*, en *ZöR* 60, 2005, pp. 163 y ss.

actividad legislativa delegada, por ejemplo, en la forma de ordenamientos jurídicos, aunque según la *Teoría pura del derecho*, de igual modo para las decisiones en casos particulares, por medio de instancias judiciales o administrativas. Contrariamente a las usuales opiniones erróneas, KELSEN, con su fe en un resultado correcto de la interpretación, se encuentra absolutamente alejado de una idea jurídico-conceptual de la aplicación de la ley como procedimiento argumentativo meramente lógico, libre de valoraciones, silogístico. Él mismo se acerca (y se acerca a sí mismo) más bien a la escuela del derecho libre [*Freirechtsschule*][93]. En este sentido, él busca mantener el carácter científico del derecho, en tanto distingue entre una interpretación "auténtica" y una "jurídica científica". Mientras la ciencia del derecho tiene como tarea tan solo estructurar las diversas posibilidades de interpretación de una norma jurídica en toda su variedad concebible, le compete únicamente a las instancias de aplicación del derecho autorizadas a ello hacer finalmente vinculante uno de los diversos modos de interpretación[94]. De modo similar habla HART de una estructura abierta, que prácticamente toda ley ostenta[95]. Tampoco a él, entonces, puede aplicarse el usual prejuicio de la tesis de la subsunción[96].

---

[93] H. KELSEN, *Juristischer Formalismus und reine Rechtslehre*, en *JW*, 1929, pp. 1723 y ss. (1726): la teoría pura del derecho habría por primera vez fundado teóricamente una de las posiciones más importantes de la escuela del derecho libre a través de la intuición que ella profundiza en la jerarquía normativa: la afirmación de que el así llamado cumplimiento de la ley a través de los juzgados y la administración sería verdadera creación del derecho.

[94] KELSEN, *Rechtslehre* (notal al pie 16), p. 353.

[95] HART, *Concept of Law* (nota al pie 54), capítulo VII (pp. 124 y ss.: *"open texture of law"*); véase también el capítulo IX, pp. 204 y ss., así como el *"postscript"* de la 2.ª ed., pp. 272 y ss.

[96] Con mayor detalle M. PAWLIK, *Die Reine Rechtslehre und die Rechtstheorie H.L.A. Hart*, 1992, pp. 32 y ss.

Naturalmente la concepción según la cual la obtención del derecho se agota en operaciones del pensamiento puramente lógicas y libres de valoraciones ha dominado, de acuerdo a la opinión común, la influyente corriente de la así llamada jurisprudencia de conceptos. El derecho aparece aquí como "producto de la lógica de conceptos"[97]. Particularmente marcado por Friedrich Puchta, dominó en este modo de ver la idea de una "genealogía de conceptos" piramidal; en una derivación estrictamente deductiva y en una "cadena de conclusiones forzosamente lógicas"[98] deben poder ser producidos aquí principios jurídicos, desde la más alta y general definición de la idea de derecho, bajando hasta los derechos concretos, individuales, subjetivos y otras normas. Puchta consideraba las normas jurídicas como "productos de deducción científica" a partir de conceptos. El elocuente Jhering ha captado el pensamiento subyacente en la frase: "Los conceptos son productivos, se aparean y engendran nuevos [conceptos]"[99]. Sin embargo, por no menos de tres razones, cada una de ellas contundente por sí misma, tampoco es la jurisprudencia de conceptos idónea para apoyar la tesis de la subsunción: en primer lugar, ésta fue superada prontamente por la jurisprudencia de los intereses y la de las valoraciones; en segundo lugar, se presenta esta forma de positivismo *científico jurídico*[100], de acuerdo a su categoría, algo distinto a aquello que ordinariamente se denomina positivismo jurídico, dado que aquí el derecho no se ha fijado como objeto de conocimiento para la ciencia, sino que es considerado como su producto primigenio. Esto hace tambalear las bases del positivismo jurídico. En tercer

---

[97] B. Rüthers, *Rechtstheorie*, 2.ª ed., 2005, apartado 459.

[98] Rüthers, *Rechtstheorie* (nota al pie 97), apartado 460.

[99] R. v. Jehring, *Geist des römischen Rechts auf den verschiedenen Stufen seiner Entwicklung*, 1852, primera parte, 9.ª ed., 1953, p. 40.

[100] G. Dilcher, *Der rechtswissenschaftliche Positivismus*, en: ARSP 61, 1975, secc. 497 y ss.

lugar, y tal vez lo más importante: recientes investigaciones sugieren la idea de que la "jurisprudencia de conceptos" fue más bien un constructo y una etiqueta finalmente utilizable para una teoría o doctrina interpretativa rechazada por equivocada; en el fondo, no obstante, defendida por nadie. Los trabajos de ULRICH FALK sobre WINDSCHEID[101] y de HANS-PETER HAFERKAMPF sobre PUCHTA[102] han arrojado idénticamente como resultado que, examinada de cerca, no queda prácticamente nada de la jurisprudencia de conceptos[103].

5.2. *¿Jurisprudencia como cumplimiento ciego del derecho natural?*

Pues bien, desde luego se ha defendido en tiempos recientes, de vez en cuando, nuevamente la tesis, no solo frente al positivismo jurídico, sino también en relación al iusnaturalismo, de que no habría aquí lugar para márgenes discrecionales en el caso de sentencias judiciales o de otro tipo para casos particulares. Más bien, sería prácticamente impensable, inexistente, un margen

---

101 U. FALK, *Ein Gelehrter wie Windscheid. Erkundungen auf den Feldern der sogenannten Begriffsjurisprudenz*, 1989.

102 H.-P. HAFERKAMP, *Georg Friedrich Puchta und die "Begriffsjurisprudenz"*, 2004.

103 FALK, *Gelehrter* (nota al pie 101), p. VI ("Si en cambio se incluyen los elementos centrales de la constitución de dogmas de WINDSCHEID, siempre dejados de lado, siendo no obstante igualmente centrales, no se puede hablar así de "jurisprudencia de los conceptos". Un estudioso como WINDSCHEID no dispone ya de la sucedánea ciencia del derecho privado como cómoda figura de contraste para una autopresentación positiva"), pp. 1 y ss. y pp. 215 y ss. (p. 221: "solo se colocarían los intentos de solución de WINDSCHEID con todos sus defectos, recovecos y tal vez incluso una general disparidad entre intención y consumación, sin menor reparo en el fuera de juego metódico de una supuesta jurisprudencia de los conceptos"). De modo similar HAFERKAMP, *Puchta* (nota al pie 102), p. 4 ("Del 'jurista de los conceptos' PUCHTA no mucho (...) quedó"), pp. 5 y ss., pp. 21 y ss., pp. 443 y ss. y pp. 463 y ss. (p. 471: "atacado y al mismo tiempo incomprendido quedó de la jurisprudencia de PUCHTA poco más que el cuco, al que desde los años 1880, en forma casi arbitraria, se ha recurrido para intimidar, y con ello fundamentar las propias pretensiones jurídico-políticas y científicas".

para la valoración o la concreción, debido a su relativa determinación completa a través de normas iusnaturalistas establecidas[104]: "aplicación de la ley, jurisprudencia, decisiones judiciales son, en un sistema legislativo fundado como iusnaturalista, operaciones formales. Ellas tienen su norma, a saber, el campo semántico de la ley justa, para medir y reproducir certeramente, no tienen nada que añadir a ésta; le tienen a ésta más bien lealtad para transformarla en la constelación que conviene al fallo. Un sistema legislativo fundado como iusnaturalista es traducción, extensión y concreción que salvaguarda el derecho (p. 76) (...). Por tanto es una legislación, es una ordenanza, es una decisión judicial ya entonces una decisión correcta, si pueden ampararse en no haber excedido los márgenes semánticos de la regla extrapositiva..." (p. 77). "... Para este modo de pensar –si éste, alguna vez, existió en esta forma pura– la jurisprudencia es una institución débil, ella es de hecho *–en quelque facon nulle–*. Ella interpreta, ella extiende, lo que de acuerdo a la cuestión en otro lugar ha sido decidido. Ella es neutral, permeable y transparente, porque aquello mismo que contribuye a sus decisiones es muy poco. (...) Esta jurisprudencia tiene poco por decidir, y por ello mismo tiene también poco que justificar" (p. 77).

Estos argumentos desfiguran las posiciones iusnaturalistas. Esto se puede probar, antes que nada, para la *jurisprudencia*, en cuyo caso una vez más Tomás de Aquino podría hacer de testigo principal. Él discute en la *Secunda secundae* precisamente la cuestión de si el juez debe siempre dictaminar según la ley escrita[105]. De momento, esto es aceptado por él, según el caso, mientras la ley no constituya una *legis corruptio* (*corpus u.* ad 1). Aunque incluso las leyes justas pueden, prosigue él, en casos particulares,

---

[104] W. Hassemer, *Verfassungsgerichtsbarkeit in einer Demokratie*, en J.C. Joerden y R. Wittmann (ed.), *Recht und Politik*, 2004, pp. 75 y ss.; los números de página que se encuentran en el texto que sigue se refieren a este artículo.

[105] Tomás de Aquino, *S. Th.* II-II (nota al pie 21), 60.5.

errar; esto constituye aquí una exigencia directa al derecho natural, interpretar no al pie de la letra, sino de acuerdo a la intención del legislador o bien la equidad (ad. 2)[106]. No se encuentra una sola palabra, no obstante, del control preciso (como quiera que se encuentre constituido su contenido) de la decisión equitativa –la que aparece una y otra vez en toda la obra– a través de la ley natural; totalmente al contrario, resalta el sabio medieval la libertad de acción del juez, que es necesaria para encontrar una decisión justa en un caso particular[107].

Tampoco la legislación ofrece un aspecto distinto: para la gran mayoría de los juristas del derecho natural es válido, a saber, otorgar a las leyes positivas un amplio margen de concretización y conformación: para el derecho natural racional más joven, por ejemplo, entre los seguidores de KANT, es esto evidente de todos modos; es válido, sin embargo, también para el derecho natural antiguo y cristiano, pues la jerarquía de las leyes precisa de modo verdaderamente forzoso un proceso tal de especificación. De modo bastante intuitivo y útil para el modo de pensar jurídico, ha diferenciado TOMÁS DE AQUINO en el caso de la concretización de las clases más altas de la ley, a través de operaciones de la razón práctica, aún más precisamente entre deducción, determinación y adición: a) en el caso de la deducción *(conclusio)*, se deduce una norma más específica (no matarás) de una determinación más general (no hagas daño a nadie); b) en el caso de la determinación *(determinatio)*, se llega a la fijación concreta de

---

106 Que TOMÁS resalte la "incompletitud de la ley" y que conceda al juez en comparación un margen de acción amplio en el caso de su establecimiento, el que no es determinado en detalle por el derecho natural, es subrayado también por A.F. UTZ, *Comentario al Art. 60*, 1, en *Deutsche Thomas-Ausgabe*, t. 18, 1953, pp. 423 y ss. (pp. 465 y ss.).

107 TOMÁS DE AQUINO, *S. Th.* II-II (nota al pie 21), 60.6 *corpus* coloca en paralelo la autorización de la promulgación con la interpretación de la ley; sin embargo, con esto él subordina tanto a los jueces como a los legisladores al modelo idéntico de la concretización de la ley natural bajo la dirección de la razón práctica. Compárese *S. Th.* II-II 67.1 *corpus*: la decisión del juez como *quasi particularis lex*.

una sanción para una acción, la que de acuerdo a la ley natural es, en principio, punible, sin que allí esté ya establecida la magnitud de la pena[108]; c) en el caso de la adición *(additio)*, se abre la posibilidad de instituciones jurídicas (por ejemplo, la propiedad privada), las que no están en sí contempladas en la ley natural, pero que no contravienen a la razón[109].

c) Christian Wolff constituye una excepción a la idea, por lo demás extendida por doquier, de la apertura fundamental y de la necesidad de concretización del derecho natural. Discrepando con toda la tradición iusnaturalista, asume él la completitud y condición íntegra del derecho natural racional[110], "por el cual las leyes civiles pueden ser vistas como prescindibles"[111]. Pero Wolff es, en efecto, la excepción que confirma la regla. Además, para él existen razones que permiten aparecer a la legislación estatal como inevitable: en especial la necesidad de la introducción de un reforzamiento coactivo estatal de las reglas normativas, además de una función simplificadora y concretizadora determinada[112]. En conjunto, se mantiene: la tesis de que en el derecho natural serían la aplicación de la ley o la legislación tan solo operaciones formales en la forma de deducciones formales a partir de premisas fijadas de acuerdo al derecho natural se presenta sencillamente como un juicio erróneo.

---

[108] Tomás de Aquino, *S. Th.* i-ii (nota al pie 15), 95.2 *corpus*; compárese O. Schilling, *Die Staats- und Soziallehre des heiligen Thomas von Aquin*, 2.ª ed., 1930, pp. 192 y ss.

[109] Tomás de Aquino, *S. Th.* I-II (nota al pie 15), 94.5 ad. 3; compárese también *S. Th.* ii-ii (nota al pie 21), 66.2 ad 1: propiedad como *"adinventionem rationis humanae"*. Véase al respecto A. O'Rahilly, *S. Thomas's Theory of Property*, en *Studies* 9, 1920, pp. 337 y ss. (pp. 338 y ss.); Finnis, *Aquinas* (nota al pie 21), pp. 190 y ss.

[110] Compárese Wolff, *Deutsche Politik* (nota al pie 32), § 401; allí se encuentran también esbozadas las razones a ser mencionadas, desarrolladas en los parágrafos que siguen, para la no obstante indispensable legislación estatal.

[111] Hofmann, *Einleitung* (nota al pie 32), p. 32; allí la explicación aquí reproducida.

[112] Wolff, *Deutsche Politik* (nota al pie 32), § 401 y §§ 423 y ss.

Editado por el Departamento de Publicaciones
de la Universidad Externado de Colombia
en julio de 2015

Se compuso en caracteres Palatino de 11 puntos
y se imprimió sobre Holmen Book Cream de 60 gramos
Bogotá (Colombia)

Post tenebras spero lucem

Made in the USA
Monee, IL
05 November 2026

67383967R00031